DES PAPILLONS
DE NEIGE

Marc Lasserre

DES PAPILLONS DE NEIGE

Textes poétiques

BoD Editions

(c) 2010, Books on Demand GmbH
Edition : Books on Demand GmbH, 12-14 rond-point des Champs Elysées, 75008 Paris
Imprimé par Books on Demand GmbH, Allemagne
ISBN : 9782810620623

PREFACE

Voici un recueil comme on aimerait en lire plus souvent, une plongée sensible au cœur d'une nature inviolée.

Marc Lasserre visite avec talent la pureté de paysages à portée d'âme, où son regard s'attarde et frôle des beautés oubliées, à l'affût d'un signe amical. Le temps d'une aube irisée, il dialogue avec le petit peuple des fées, dans "leurs robes rose-mauve, légères comme des filles de graminées", s'émeut de la candeur des amours d'enfants ou écoute "avec délectation" les percussions des gouttes de pluie sur les "brûlantes journées estivales".

Par petites touches délicates, au fil du voyage, sa plume-pinceau surprend des royaumes "où seul un poète ou un fou pourrait poser sa couche" et débusque "la force paisible" du sage qui rassure l'oiseau.

Dans l'ombre de ses arbres, qu'ils soient cèdres, oliviers ou baobabs, souffle depuis toujours, sur l'éphémère agitation des hommes, un chant millénaire. Le poète tend l'oreille pour l'entendre et le traduire en mots de couleurs et d'espoir.

Il étanche sa soif de splendeurs à la source des origines, en guettant "le spectacle du Monde et les visages de son évolution", qu'il aurait tant aimé connaître, au matin des temps.

Avide de partage, il offre sans compter son émerveillement devant "des papillons de neige" au "jardin alité","des ondées gaéliques" sur "le balcon d'un lac d'Écosse" ou "l'orchestre floral" d'un "arc-en-ciel de tulipes".

Mais derrière "le plaisir de l'instant", apparaît en filigrane la précarité des trésors cachés et la cruauté du monde des hommes.

La Nature compatissante, alliée du "vagabond mélancolique" au "petit banc de bois", porte aussi en ses flancs "les vestiges oubliés d'un passé belliqueux". A ces cicatrices d'autrefois, s'ajoutent des blessures plus récentes, d'où s'écoulent une "bile funeste", tueuse de cormorans, des remparts de béton liberticides ou "des larmes de cendre" accrochées aux paupières des volcans.

Alors le poète s'interroge et met en garde : "Si le soleil s'endormait à jamais, l'homme pourrait-il survivre aux glaces éternelles ?". Mais il console aussi et, rappelant au mortel qu'il devra un jour "restituer son corps meurtri aux racines en étoile", propose "une main réconfortante pour aller jusqu'au bout du chemin chaotique de l'existence". Car la mort n'a rien d'effrayant et fait partie du "cercle éternel", "une ronde de vie entre l'eau, la terre et le ciel".

Et, au-delà des peurs, dans "les sous-bois rêveurs" aux "couleurs du terroir", demeure un bien essentiel et précieux : le plaisir d'écouter la voix du poète à travers "la symphonie primitive", plus forte que "les querelles chroniques des hommes".

       Françoise Boixière, le 8 mai 2010

Originaire d'un petit village de la région de St-Brieuc, en Côtes d'Armor, Françoise Boixière, a grandi et travaille au cœur de la campagne bretonne. Elle a publié chez Edilivre, un recueil de poèmes : "Un vent d'étoiles" et, par le biais de l'association l'Orée, deux autres recueils : "Des pas sur le sable, des rives" et "Le voyage du saumon", ainsi que deux romans : « La mémoire embaumée » et « L'insomnie des abeilles ». Puisant son inspiration dans la nature, les voyages et les légendes, elle aime allier prose et vers, photographies et atmosphères oniriques.

INTRODUCTION

Ce premier recueil est une barque déposée sur l'océan des mots. Elle peut réussir à flotter et rejoindre de splendides rivages ou, suivre le plus grand nombre des esquifs anonymes en sombrant dans l'oubli des grands fonds abyssaux.

Mais cela, en vérité, importe peu. Mes poèmes existent désormais grâce à cet ouvrage imprimé et à son frère numérique, existence impalpable sur la toile mondiale mais pourtant bien réelle.

Les promenades poétiques qui suivent sont avant tout la concrétisation d'une œuvre personnelle, la somme d'un plaisir indicible puisé à la fois dans la nature, dans ses représentations picturales et dans mon imaginaire.

Je ne souhaitais pas ici trop m'appesantir sur la condition humaine mais elle est aussi une de mes préoccupations fondamentales. J'ai donc mis en avant, dans ce recueil, notre environnement naturel avec sa beauté et sa force, les êtres humains devant s'inscrire avec sagesse dans ce prodigieux écosystème.

La lecture de ces poèmes est en principe accessible à tous. Cependant, j'ai créé en fin de volume un lexique donnant la définition des mots peu courants (marqués par un *) afin d'éviter pour tous l'usage du dictionnaire. Ces mots, que j'ai découverts au cours de mon travail d'écriture ou de recherche, sont pour moi comme des parfums sortis de vieux flacons recouverts de poussière.

Sur la forme, j'ai choisi la prose plutôt que la poésie en vers. Certes, j'apprécie de temps à autre l'écriture d'alexandrins, bien calibrés, aux rimes délicates, mais ces contraintes académiques perturbent la mise en phrases des images qui se forment dans mon esprit.

A mon sens poétique, ce sont les images qui doivent dicter les mots et non l'inverse. Mais cela ouvre un autre débat.

* * *

Je vous souhaite un beau voyage en compagnie des troupeaux de nuages qui accompagnent souvent mes paysages.
Dans mon rôle de berger du ciel, je vous emmène en transhumance, en essayant de vous donner une vision bucolique de mes pâturages poétiques.

Marc Lasserre, le 17 mai 2010

Ces textes prennent toute leur ampleur sur un fond musical de harpe celtique, particulièrement en écoutant la musicienne bretonne Gwenaël Kerléo dans ses deux albums délicieux : ''Terre celte'' (1996) et ''Retour en terre celte'' (2010).

Les draps lavande du ciel

La grève dépeuplée prépare sa nuit
entre les draps lavande du ciel et de l'étang.

©Marc Lasserre – peinture à l'huile - 100x50cm

Seul témoin silencieux,
un couple de sapins s'apprête mollement à fermer les mille
paupières embrunées de son stoïque* ramage.

Dans la lande frissonnante, le sable protège ses petits
contre les vols rasants de l'aquilon*.

Tandis que tout là-haut, à l'orée* de la stratosphère*,
les nuages revêtent leur robe mauve si éphémère.

Dans quelques minutes, le peintre du ciel
rangera ses pinceaux de couleur
en tirant sur cette moitié de la Terre
son voile ténébreux.

La lumière hèlera ses photons* dispersés
qui sagement, comme des moutons aux signes du berger,
regagneront leur source.

* * *

Des papillons de neige

Les dernières lueurs du jour referment leur gangue hivernale. Les peuples végétaux du jardin alité revêtent tous la même robe gris de payne* et s'endorment délicatement dans le creux de nos rêves.

Dans un calme trompeur, à la lueur des lampadaires frigorifiés, des centaines de papillons de neige voltigent tout à coup dans une fascinante sarabande*.

Ils sont bientôt des milliers à inonder l'espace,
à se poser sur les branches dressées
des grands cyprès verdâtres.
Quelques minutes suffisent pour que les aubes* noires
se voilent d'un épais tulle blanc.

Chaque arbre est aussi majestueux qu'une mariée gracile*.
Chaque brin de nature porte un linceul éclatant
et transforme la nuit en aurore boréale.

Les animaux se cachent. Ils contemplent effarés
la beauté déployée dans le froid épaissi.
Demain, quand les volets célestes s'ouvriront,
la lumière renaissante rencontrera la neige.

Les oiseaux balaieront leurs stalles* encombrées
pour chanter à cœur joie la candeur propagée.

Puis les Hommes étonnés, les paupières plissées par des
rêves livides, poseront les empreintes de leurs souliers
vernis sur la couche friable du voile immaculé*.

Certains, plus chanceux,
auront pu assister à la féerie nocturne,
quelques heures de bonheur dans la valse des maux.

* * *

Les grands cèdres gothiques

L'aurore pusillanime* s'efforce d'allonger son regard nitescent* dans la brume hivernale.

©Jean Boccacino - http://boccacino-images.blogspirit.com/

Sur la colline envahie par ce voile humide et mystérieux trônent majestueusement de grands cèdres gothiques.

Leurs troncs monumentaux aux larges cicatrices tendent leurs branches en ogives* vers un ciel invisible.

Ces vieux arbres paisibles, tourmentés par l'ennui,
ont posé à leur pied un petit banc de bois,
comme une offrande au genre humain.

Chaque jour, chaque soir, sous la pluie, sous le vent
ou sous un soleil ardent, les visiteurs se succèdent
pour le plaisir des cèdres.

Les plus attendrissants dans leur rêve-passion
sont les couples enlacés.
Les tempes à l'unisson, les regards parallèles,
les amoureux ne veulent dire que d'exquis mots d'amour.

Les enfants, eux aussi, y viennent à chat perché,
tournent autour en courant,
en étalant leur joie dans une farandole.

Les âmes esseulées semblent poser leur vie
sur la planche élimée*.
Pour elles, dans le calme providentiel,
brille l'espoir inavoué de faire une rencontre.

Quand le temps est clément,
les bonnes vieilles gens viennent là pour sortir,
pour offrir à leur peau le baume d'un jardin.

Elles fixent longuement,
d'un regard fatigué, les pelouses virides*,
laissant courir le temps sous leurs yeux impassibles.

Lorsque le soir caché sous les écailles des cônes
entrouverts, tombe des arbres harassés,
les aiguilles séchées en profitent
pour choir sur le tapis cousu de mousses froides.

Une ombre se rapproche. Un vagabond mélancolique
vient fondre son sommeil sur le banc salutaire.

Allongé sur le côté, la tête posée sur un carton ébréché,
le misérable verse les larmes de la société et compose en
dormant des songes d'opulence.

Peut-être, avant que la nuit ne s'impose,
un gardien trop zélé viendra le réveiller
sous le regard dépité des arbres impuissants.

Il pressera le corps nauséabond
pour qu'il quitte le parc sans autre concession.

Les cèdres gothiques auraient aimé bercer
le repos de cet homme dans un élan d'amour
sous l'égide* cordiale des voûtes flamboyantes.

Plus loin, à portée d'une lyre,
le poète attentif observe le théâtre des Hommes.

Adossé à un charme, il conte aux étourneaux
l'histoire d'un banc public
que les cèdres ont couché
au cœur de leurs racines.

* * *

Les marches silencieuses

(massif de la Sainte-baume)

L'épine dorsale d'un colosse assoupi
se dresse au-dessus du vallon qui s'éveille.

©*Marc Lasserre – photo – avril 2010*

La tête posée dans l'horizon brumeux du matin,
le titan offre ses flancs crayeux
aux promeneurs téméraires.

L'ombre de son échine* rocailleuse se retire
progressivement de la hêtraie tapissant sa couche
et, dans le voile levé, la canopée* pouprée
s'illumine au grand jour.

Plus bas, dans le creux de ses reins,
la grotte catholique grelotte de sa nuit froide et les saintes,
pieusement agenouillées,
pleurent éternellement les âmes crucifiées.

Dans une agitation inhabituelle,
les soldats de Timone* ont déposé leurs armes avant
d'escalader les marches silencieuses.
Dans la fraîcheur des pierres ancestrales,
la troupe pacifique inonde de ferveur les parois verticales.

Le moine bénédictin, dans son aube*
coiffée d'une étole* améthyste,
lance dans la pénombre de la baume* son office vers Dieu.

Puis, au milieu du jour, dans la vallée asséchant
sa rosée vivifiante, la lumière céleste
réchauffe religieusement les pins processionnaires.
Entre leurs troncs roussâtres à demi-prosternés,
une chenille humaine serpente et regagne les blancs
vaisseaux des rivières bétonnées.

* * *

La rive aux fées sylvestres

Les courants parme sont arrivés au bout du chemin,
au-dessus des eaux sombres qui reposent en paix.

©Ludmila Petouchkova - http://leonie.blogzoom.fr/

La rive est accueillante, elle penche son visage
aux reflets de pistache sur le miroir sans tain.

Les herbes caressées par une lumière apaisante
soutiennent les longues jambes ligneuses*
de fées sylvestres.

Leurs robes rose-mauve,
légères comme des filles de graminées*,
cachent sous leur jupon des branches acrobates.

Guetteuses immobiles accueillant les voyageurs égarés,
les fées attendent jusque tard dans la nuit
d'improbables visiteurs.

Ainsi souhaitent-elles chaque jour qu'un poète
dendrophile* se présente au pied de leur tronc filiforme
pour s'y blottir, l'esprit fort apaisé.

* * *

Si le soleil s'endormait à jamais

Si le soleil s'endormait à jamais, seules les étoiles
lointaines chatouilleraient la Terre
de leurs fils lumineux, de leurs lueurs fragiles.

Les Hommes allumeraient de grands feux chaleureux
et tout être vivant viendrait s'y réchauffer.

Si le Soleil s'endormait pour toujours,
les fleurs fermeraient par dépit tous leurs volets soyeux,
les arbres perdraient définitivement leur pelage feuillu
et les oiseaux diurnes attendraient sans comprendre
dans leur nid affamé.

Si le Soleil sombrait par hasard dans l'oubli,
les saints écologistes loueraient à grands renforts
les centrales atomiques.
Ces monstres menaçants deviendraient demi-dieux,
ils donneraient l'espoir de marcher dans une nuit sans fin.
Nos yeux s'adapteraient aux lumières synthétiques.
Puis viendraient s'installer d'immenses projecteurs
dispersant leurs photons à chaque coin de rue.

Transi par la froideur d'un univers glacial,
L'Homme pourrait-il survivre aux glaces éternelles ?

* * *

Le lait de la Terre

(Île de Skye – Écosse)

Une mèche de route égarée sur la tourbe ocrée
amène les voyageurs aux portes du temps,
loin des gesticulations humaines,
sur les reliefs chaotiques d'une île perdue.

Au loin, tout là-bas, au-dessus de la mer des Hébrides,
une étoile inouïe dissimule ses flammes citronnées
derrière une main de nuages.

Ses feux, dans un dernier effort,
soufflent une haleine cuivrée sur les boursouflures
gazeuses de petits cumulus dispersés.

Entre les murailles basaltiques,
la lande se contracte sous l'humidité du soir.

Les étangs perdent peu à peu leur regard sur le ciel
obscurci et, agrippée à ces rives-abreuvoir,
une foule d'herbes rouillées vient boire le lait de la Terre.

Sentant la pénombre grandir,
les rochers se rétractent sans bruit dans la tourbe féconde,
tandis que les reliefs nervurés
revêtent leur vieux châle noirâtre.

Personne ne peut voir sous les sphaignes* grouillantes,
les plantes carnivores, inclinant les antennes
de leur piège gluant.

Les proies des droséras*
ont déjà rejoint les crevasses du sol, repliant leurs ailes
minuscules sous leur ventre repu.

Dans le cœur de la nuit, les embruns de la mer
recouvriront le massif de Quiraing.

Le sel porté par les courants du ciel
viendra piquer au vif les tiges végétales.

Quelques fois consentantes,
elles ouvriront les portes de leurs greniers gourmands,
unissant leurs cellules au diable minéral.

Ce lieu, est encore préservé
de la nature humaine.

Cette terre est un royaume
où seul un poète ou un fou pourrait poser sa couche,
les yeux à peine illuminés par des rais sans vigueur,
le cœur protégé de toutes vagues à lames
et l'esprit libéré des contraintes sociales.

* * *

Le mur païen

Sous les pins refroidis du mont de Sainte-Odile,
les pierres ancestrales forment un mur* païen.
Personne ne connaît la rudesse des mains écorchées
qui ont posé ces blocs dans les sous-bois farouches.

Bien avant que le Nazaréen ne saigne sur la croix,
des hommes tourmentés ont bâti cette enceinte.
Ils voulaient que les nuits retrouvent leur quiétude,
que les épées des ombres ennemies
se brisent sur l'armure pétrifiée.

La neige, chaque hiver,
dépose sur les lichens* millénaires
son manteau lumineux.

Elle se blottit aussi au flanc de la courtine
comme un ruban de dentelle givrée,
espérant survivre encore quelques instants
aux morsures du Soleil.

Dans le massif vosgien, les promeneurs pacifiques
veulent toucher les pierres froides
comme on touche le corps d'une statue sacrée.

Mystérieuses et muettes, posées par un fantôme,
rien ne vient dévoiler leur lointaine origine.

Les aiguilles du temps ont oublié de fendre
leur grand crâne rugueux, s'abstenant d'éroder
la substance lithique*.

Aujourd'hui, dans le proche orient,
un autre mur défie les vents.
Toujours la peur, toujours la guerre,
pour justifier l'isolement.

Aucun arbre ne vient cacher ce rempart colossal
aux yeux des enfants médusés.

Un jour, les planches de béton dressées
au-dessus de leur tête
tomberont sur le sable brûlant
des rives du Jourdain.

Alors, les descendants des peuples lapidaires
regarderont les débris de muraille
comme ceux qui gisent aujourd'hui en Alsace,
un vestige oublié d'un passé belliqueux.

* * *

Le cercle éternel

Quand l'Homme s'approche de son ultime route,
il emprunte les bois noirs du bout de l'existence.

Les planches grisées par les pluies innombrables
marquent le passage inquiétant de la vie à trépas.

Entre les troncs funèbres des frêles chênes noirs,
l'arche rousse des feuilles ouvre un tunnel sans retour.

Le regard anxieux du moribond*
fixe alors la douce lumière qui l'appelle au loin
comme une sorcière bienfaisante.

La peur s'estompe lentement.
Les maux enchâssés quittent l'esprit soulagé
et le cœur cesse de battre pour mieux respirer.

Le côté de l'enfer semble être plutôt en deçà du ponceau.
Le défunt se laisse guider vers la nature, divine.

L'accueil est sobre mais la quiétude enveloppe
les muscles dénudés, le corps glisse
dans un puits d'étoiles maternelles.

Aucun visage macabre ne vient effrayer celui qui part.
Pour ceux qui restent, la douleur insoutenable
gonfle leurs larmes chaudes.
Ils ont perdu leur proche
mais ce moment solennel
n'est pas une fin.

Il n'est que cycle immuable, une ronde de vie
entre l'eau, la terre et le ciel.

Eux aussi un soir,
plongeront dans le cercle éternel,

où ils devront rendre leur âme
avec une sage acceptation.

La fin n'est pas la fin, la mort n'est pas la mort,
émerveillons-nous devant la roue qui nous emporte
dans la grande révolution[1] de l'existence.

* * *

---

[1] Au sens de rotation.

Des ondées gaéliques

Un peuple d'ajoncs
se presse au balcon d'une rive lacustre
pour explorer la vue ensorcelante.

©Sandra Cornolo

La source de lumière à l'horizon
expulse de sa grotte de longs nuages en colère.

Ils planent au-dessus des monts arborés, glissent sur le vent qui protège les eaux basses d'une invasion céleste.

Le pont de pierres pâles
relie le Monde à un château d'Écosse.
Ses arcs offrent un triptyque suspendu aux courants
libertaires et soutiennent les pas des visiteurs humains.
Sur un drap de mousses,
l'île accueille quelques âmes perdues de preux chevaliers.

La citadelle lance au firmament
ses rocs vertigineux et l'épaisseur de ses murs
forme l'armure inaltérable de couloirs revenants.

Même la rage des ondées gaéliques
assénée sur des temps séculaires,
n'a pas brisé l'écorce de ce corps minéral.

Demain, dans la brise glaciale,
le lac poussera ses eaux impénétrables
le long des berges sages.

Les reflets bleutés du firmament
côtoieront sur sa peau les pelotes brumeuses.

Alors, les fières cornemuses
lanceront dans le vent d'antiques mélodies, et les fêtes
celtiques au creux des villages allègres
feront vibrer au ciel leurs danses folkloriques.

* * *

L'ingénue Colombine*

Un voile lactescent * court sur les herbes dorées
qui semblent poursuivre dans un feu crépitant
la silhouette magnétique de la mariée nouvelle.

©Marie-Eve Bergère

La blondeur rousse de l'élue
se devine sous le délicat tulle diaphane*.
Les mains posées sur la crinoline de sa robe éclatante,

la féerique beauté communie son bonheur aux chênes
orangés, tous tendus vers elle, les oreilles attentives.
Leur tronc ébène pourrait impressionner l'âme sensible
qui a quitté un instant la chapelle nuptiale.

Mais la luminosité accueillante
de leurs feuilles citrouille atténue la rudesse
de leur port inquiétant.
Heureusement, le ciel cérulé
veut rassurer la belle malgré le regard étrange
de quelques copeaux de nuages.

Les modestes fleurs de ce pré ascendant soulèvent leur
menue tête au-dessus des brindilles, curieuses de la scène.
Elles espèrent toucher le soulier raffiné de cet ange furtif
et se ruent, immobiles, vers son pas gracieux.

Les rayons du Soleil tente de maîtriser
cette épopée mythique en saupoudrant des graines
de lumières aveuglantes.
Mais les yeux de ces arbres sur les branches multiples
ont fermé leurs petites paupières.

Seul l'époux accourant,
pourrait sauver l'ingénue Colombine
en glissant son veto aux couleurs d'Arlequin.

* * *

Les effluves vernaux*

La saison semble perdre sa route rectiligne.
Le printemps, par malice, tente de repousser l'hiver
dans le cocon glacé de sa naissance.

La neige est transformée en pluie
et le voile gris du ciel se déchire
sous la force lumineuse
des enfants du Soleil.

La lutte est âpre et le froid pousse
de ses épaules aguerries la vague fleurie
du temps des amours.

La houle tiède déferle sur les champs encore blancs
et les brins d'herbe redressent, étonnés
leur tête emmitouflée.

La beauté des couvertures lactées
pourraient laisser la place aux draps encore amidonnés
où poussent les jacinthes et les myosotis.

Le monde vivant semble se plier aux exigences
de la saison nouvelle.

Sans doute, cette année, le printemps imposera sa loi
aux foudres de l'hiver qui en perdent leurs voix.
Sans doute, le gel, dessinateur de l'immobile,
reprendra ses crayons aux mines de glaces déconfites.

Il emportera son ombre interdite
dans le fond des grottes sombres
et le sang des bêtes endormies brûlera à nouveau
sous la caresse moite des effluves vernaux.

* * *

Des larmes de cendres

Dans le ciel de cobalt accroché aux sommets
de la Cordillère des Andes, de petits yeux lointains
scintillent avec prudence.

Réveillé, on ne sait par quel démon cavernicole*,
le ventre de la Terre vient de crier sa rage intestine.

La nuit couvait dans sa transparente beauté
un feu grégeois aussi terrible
qu'un incendie de bois.

Revêtu de sa pèlerine neigeuse,
le Villarica, volcan gris à l'humeur éruptive,
menace de sa main incandescente
le petit village chilien où les Hommes résignés
tétanisent leurs peurs.

La bouche pétillante de flammes
chargées de nuées ardentes,
éructe bruyamment sur les monts jusqu'alors silencieux.

Dans les entrailles souterraines, la chambre magmatique,
âtre phénoménal, se prépare à lancer
ses forces énigmatiques
au cœur d'une cheminée insondable.

Dehors, sur le cône algide*, l'atmosphère se réchauffe,
le sol tremble sous la colère aliénante.

Les bombes volcaniques, telles les projectiles
d'une catapulte embrasée,
s'écrasent dans la pente accablée.

Alors, un panache bitume
monte dans le crépuscule inondé,
sous l'œil craintif des vallées mitoyennes.

Les enfants de Pucon*,
blottis contre le sein des mères désemparées,
pressent leur front radieux sur les genoux tremblants.
Ils laissent filer sur leurs cuisses chétives
des larmes de cendres.

* * *

La forêt me protège

Voûte de feuilles soutenue par des piliers de bois,
la forêt me protège des éclairs effrayants.

Allongé sur l'humus,
décomposé par des bouches affamées,
je ressens dans mes reins humectés le cycle de la vie.

Le regard vagabond sous la robe géante,
j'essaie d'embrasser les oiseaux enchantés.

Quelques feuilles se détachent de la toile de branches,
virevoltant comme des flocons
de neige chlorophylle.

Quand je cours entre les troncs paisibles,
je caresse leurs rides ancestrales.
Leur force magnétique inonde mon esprit et leur élan
céleste m'emporte dans un rêve.

A travers la dentelle végétale,
les rayons solaires m'éveillent,
tendrement, comme une mère son enfant adoré.

Les gouttes de chaleur printanière
imbibent la cornée de ma peau.
Je les bois en riant et retarde indéfiniment
mon retour vers les Hommes.

* * *

La tribu pastorale

Dans la savane herbeuse, les acacias en parasol
retiennent le souffle doré des dernières heures du jour.

L'ombre hispide* des guerriers Massaï
forme une grappe humaine aux lances acérées.

Au bout de la piste poudrée de sable,
les femmes travaillent dans l'enkang* de la tribu pastorale.

Quand la lumière s'éteindra dans les yeux du troupeau,
chacun regagnera son feu au milieu des nattes chaudes.

Le bol de lait, noyé dans le sang des jeunes bovins
inondera les ventres affamés.
L'écorce et les racines d'un arbre mêleront parfois leur
essence au liquide blanchâtre.

Enkai, dieu unique et bienveillant, donne au patriarche sa
parole divine et le peuple élu pousse les bêtes
vers les généreux pâturages.

Au loin, la silhouette magistrale du Kilimandjaro
apaise les peurs ancestrales et les gérontes*
délibèrent sagement pour les âmes errantes
de leurs enfants semi-nomades.

Demain,
les frontières se refermeront sur leurs routes libertaires
et un vent de famine soufflera parmi les bêtes confinées.

Alors, la culture Massaï contera sous les papillons noirs
son épilogue douloureux.

* * *

Un troupeau de nuages

Le ciel au pelage indigo
se plonge dans les eaux ténébreuses d'un lac.

©Marc Lasserre - peinture huile et acrylique - 100x50cm

Dans sa nage subtile, il emmène avec lui
un troupeau de nuages aux parfums anisés,
à la robe pulpeuse, aux sourires capricieux.

Le petit arbre au bord de l'eau se mire dans la cosse*
luisante de l'onde impénétrable pour son corps immobile.

Il rêve de jouer dans les ombres furtives qui s'animent
sur la surface inaccessible, d'enfouir ses branches

aux mille feuilles dans la substance tépide*
comme pour baptiser son tronc insubmersible.

Au loin, les terres invisibles étendent sur l'horizon
leurs courbes féminines.
Elles marquent la limite du royaume des eaux,
d'un rêve d'évasion, d'une piste sans borne.

Peut-être qu'au-delà de ces monts mystérieux,
les hommes ont oublié leurs querelles chroniques
et qu'ils admirent ensemble la valse céleste
des concrétions divines.

* * *

L'orchestre floral

La terre de Hollande sous la ligne des eaux du Nord
porte des arcs-en-ciel de tulipes.

La lumière de Phébus* pâlit
en voyant cette outrageuse palette.
Ce dieu criera-t-il vengeance ?

Peut-être, dans la nuit sélénique*, quand les jardiniers
hérétiques fermeront les paupières de leur gîte,
la mer sera jetée sur les digues fragiles.

Les vagues déferleront sur les champs prétentieux
et l'écume sauvage brisera les corolles
refermées en coquille.

Peut-être cela arrivera, mais peut-être qu'aussi,
pour les eaux insoumises, les fleurs,
leurs charmantes voisines, exhalent des parfums
que leur sable respire.

Il ne semble pas l'heure pour les flots impavides
d'arracher les bulbes de ces tiges innocentes.

Les couleurs de leurs bandes joyeuses continueront
quelque temps de courir dans la prairie radieuse.

Les oiseaux, chanceux, pourront encore
plonger la prunelle des yeux dans ce vaste décor.

Les tons alterneront leurs musiques secrètes
et l'orchestre floral posera ses baguettes
sur les tables discrètes des maisons de Zélande.

* * *

Des songes lacustres

Sur le ponton grisé par les humeurs du lac,
quatre mains innocentes grattent le bois du cœur.

Sur les corps élégiaques *recouverts de flanelle
poussent des têtes d'ange aux ailes invisibles.
Les jeunes tourtereaux partagent un regard hésitant.

Les grignons* de leur nez se frôlent comme deux papillons
et leurs lèvres sucrées se tendent les unes aux autres.

Les chapeaux de soleil s'effleurent eux aussi.
L'un porte la mer azur sur de longs cheveux roux,
l'autre le sable sur le front satiné du jeune bien-aimé.

Leurs épaules soudées forment un arc en chair.
Rien ne pourrait séparer les âmes séraphiques*
de ces cœurs encore tendres.

Les enfants sont assis là, sur le tremplin
d'un monde immaculé.
Ils tissent leur histoire sur des nattes de jonc
et convoitent de plonger dans des songes lacustres.

La comtoise* se fige, les petons impatients
battent la mesure d'une mélodie intérieure,
alors que la vie ouvre devant eux, un prodigieux voyage.

* * *

Une affusion* d'eau pure

Une lumière magistrale
baigne la robe corail du firmament.
Les baobabs semblent brandir leurs racines flottantes
dans le vent brûlant de la steppe africaine.

Les ombres chancelantes de leurs branches gonflées
miment une danse ensorcelée.
Elles prient l'esprit des eaux de les couvrir de larmes,
et d'inonder l'aubier* flétri par la chaleur.

La vie dans ce désert attend l'instant magique.
Elle scrute au pinacle* du dôme rougeoyant
les nuages égarés.

La vie espère que ces corps vaporeux
déverseront sur elle une affusion* d'eau pure.
Alors, le fluide vital pénétrera la terre,
il ruissellera entre les pierres ocres
pour rejoindre très vite des bouches assoiffées.

Sans cela, les créatures cryptiques*
creuseront des prisons ombragées.
Sans cela, la vie étouffera dans son sommeil factice,
maudissant le soleil et sa ferveur sauvage.

Dans la nuit qui s'annonce les peuples avivés
sortiront de leur trou pour puiser la fraîcheur
de la matière noire.
Bien plus tard, sous des pluies terrifiantes,
les feuilles minuscules des grands arbres à palabres
sortiront de leur nid, disputant, la becquée orageuse
aux fourmis desséchées.

Partout, la vie arrive à suspendre ses forces.
Partout, elle réussit à survivre aux trépas
et sait à quel moment renaître au bon endroit.

* * *

La bile funeste

Le cormoran crie de douleur sous la camisole d'un pétrole
trop brut qui enserre sa poitrine.

Incompréhension, peur sans réponse,
souffrance indescriptible, corps gluant de désespoir.

Ses ailes écartées, dans un signe christique*, tentent de
battre dans le vent impuissant ; mais rien ne se passe,
les plumes noircies ne sont plus que des doigts immobiles.

Autour de son sépulcre, des hommes raclent
le sable prisonnier, jurant leur haine
aux armateurs du diable.

Dans l'océan livide, le navire éventré pisse son sang
noirâtre dans la houle laiteuse.
Partout, dans les mers que l'on viole,
la bile funeste, sortie des profondeurs de la terre,
se répand, contagieuse, indélébile.

Les rivages innocents des côtes infertiles perdent leur
visage sous un suaire nauséeux.

Sous le regard pessimiste, des pêcheurs de rêves,
les bleus turquoise de la mer s'enfonceront pour toujours
dans les fonds abyssaux* et les marées poisseuses
aveugleront sans phare les nageoires souillées.

* * *

Le velours de son âme

Le chant d'une cascade intérieure
pousse sa voix limpide vers les marches
d'un escalier inaccessible.

Les troncs silencieux bercent de leur feuillage brumeux
la mélodie des eaux. Le yogi, impassible,
libère son esprit sous l'ombre végétale.

Plus rien ne peut venir froisser
le velours de son âme, plus rien ne peut troubler
le sage qui s'éloigne.

Les mains ouvertes vers l'énergie céleste,
il oublie son corps d'ascète, laissant filer les maux
comme des récréments impurs.

Le mainate* de Ceylan s'est arrêté de parler,
l'œil rivé sur le torse immobile.
Homme inoffensif ou ruse de prédateur ?
L'oiseau s'interroge sur l'étrange posture.

Puis, dans l'errance du temps, l'évidence vient couronner
d'un voile apaisant, son plumage craintif.
Les algues brunes de la mare endormie,
respirent en silence.

La lumière du jour diffuse l'encens de ses rayons
harmonieux et le souffle placide
du moine solitaire répand dans les consciences
une force paisible.

* * *

Le spectacle du Monde

Nuit Argentine.
La Lune s'élève au-dessus des arêtes cristallines
de la Cordillère des Andes.

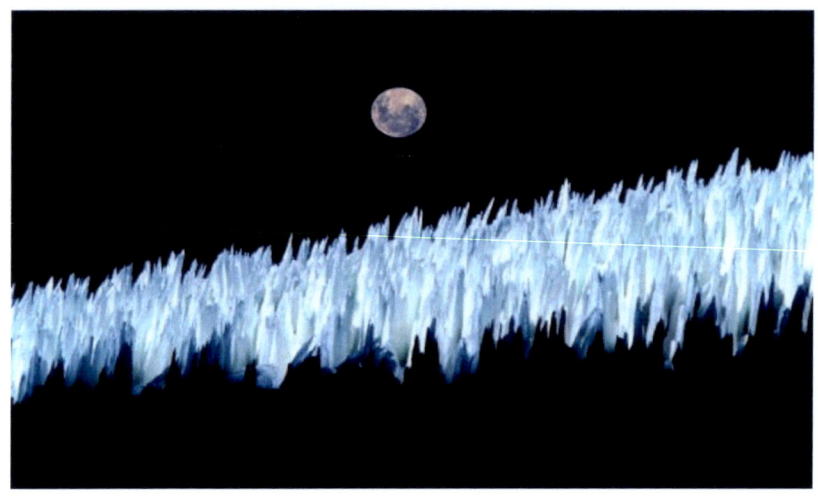

Comme les dents d'un squale polaire
la glace bleutée transperce l'encre de la voûte céleste.

Cinq mille mètresséparent ces aiguilles figées
d'un océan aux ailes pacifiques.
Cinq mille mètres de monts épanouis
portent sur leurs épaules l'histoire de cette orogenèse*.

Cette histoire, secrète pour la mémoire des Hommes,
ne l'est pas pour la Lune témoin crépusculaire,
lumière, mère des ombres.

Elle regarde avec envie les eaux de notre Terre.
Elle a vu la naissance des montagnes andines
et des premiers primates.

J'aurais aimé être assis-là, sur les lèvres d'un cratère
sélénique* pour admirer le spectacle du Monde
et les visages de son évolution.

* * *

Les couleurs du terroir

Le bourdonnement de l'abeille
agite les pétales écarlates des grands coquelicots.

©*Tableau d'Alexandra de Vernou-Bonneüil*

Leur tige velue comme l'abdomen de l'insecte de miel
ondoie sous la brise provençale.
A quelques battements d'ailes, les épis de lavande
batifolent sous la chaleur d'été.

Leur teint mauve-pâle aspire les trompes
des insectes en vadrouille et rivalise de beauté
avec la robe céleste du soir.

Sur les flancs de cette douce floraison,
bercés dans l'essence sublime,
les oliviers montent la garde.
Leur ombre centenaire apaise l'âpreté du feu solaire
qui patine des pierres silencieuses.
Accrochées aux branches buissonnantes,
les olives reflètent dans leur miroir verdâtre,
les couleurs du terroir.

Les Hommes, tapis sous les tuiles brûlantes
traverseront bientôt les murs blancs de leur gîte
pour ramasser les drupes* appétissantes.

L'automne sera alors assis contre les troncs noueux.
Les filets seront tendus sous les mentons argentés
des feuilles persistantes et les fruits violacés,
décrochés par violence.

Puis, dans les caves hivernales,
les cuves inoxydables berceront l'huile ancestrale
avant qu'elle baigne tout emplie d'amertume
dans les panses humaines.

* * *

Les crinières diaphanes

La montagne déverse sa fontaine
dans les gorges de pierres.
A travers les Douglas sédentaires,
l'eau dévale la pente, sautille, tournoie,
éclabousse les mousses esclaffées.

Les crinières diaphanes*
sautent en cascade dans les piscines
de sable et de graviers.

Entre les rochers poussent
des vagues naines et des joies collectives
aux accents printaniers.
La mélodie de l'eau
couvre celle des oiseaux voisins.

Une rumeur profonde
envahit le cœur des fougères
à plus de cent mètres alentour.

Quelques nuages gris
s'apprêtent à envoyer des renforts
pour gonfler la frénésie des flots.
Ces réservoirs célestes
irriguent les entrailles
des monts pyrénéens
pour fournir au torrent
sa source inépuisable.

Les blocs de granit
ruissellent sous la caresse aqueuse.
Ils scintillent d'une lumière
tamisée par les sous-bois rêveurs.

La vitesse de l'eau semble vertigineuse.
Pourtant, elle diminue imperceptiblement
le long de la pente fatiguée.

Au milieu des remous,
les truites malicieuses,
à la force de leurs nageoires puissantes,
remontent le courant.

Elles jouent avec les ruses
des pêcheurs embottés.
Camouflées par leur robe arc-en-ciel,
elles évitent les vers agonisants
qui se tortillent sous leur nez.

Dans les tourbillons inconstants,
les mouches artificielles
viennent chatouiller
leur bouche salmonide*.

Mais elles savent bien
que le nylon soyeux articule pour elles
ces pantins des eaux sombres.

Malheureusement,
certaines truites buissonnières
ne connaissent pas les dangers torrentiels
et leur bouche gourmande
attrape sans frayeur
les flèches hameçonnes
qui transpercent leur lèvre.

En aval, dans la plaine paisible,
le courant essoufflé s'allongera sur le dos
pour regarder le ciel.

Les ailes des angéliques* sylvestres
déposées sur les eaux décoreront la régate fluviale
dont le murmure sauvage laissera place peu à peu
aux frémissements des saules baladins.

* * *

L'alambic de la vie

La peau flétrie par les vagues du temps,
le philosophe n'est pas inquiet par l'empilement des âges.

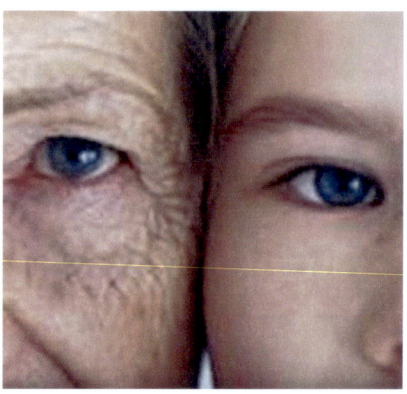

Pourtant son corps distille ses dernières forces
dans l'alambic de la vie.

Les souffrances physiques sont moins douloureuses
quand le cœur est amour, amour de l' autre ou amour
de la magie du Monde.

Chacun choisit le baume nourricier
de ses derniers jours.

Le crépuscule n'assombrit pas
la créativité ou l'émerveillement.
Mais l'érosion de la santé peut ternir l'irrésistible descente
vers le terreau originel.

L'au-delà, ne doit point engendrer d'inquiétude
mais seulement une certitude consentie,
l'achèvement du soi.

L'intelligence animale est le fruit
d'une bio-physique fabuleuse, le miracle de la vie.
La dégénérescence du vivant,
est l'inéluctable horizon, même quand elle dure dix-mille
ans comme pour ces incroyables épicéas de Suède.

L'humain, quelques fois centenaire
devra restituer son corps meurtri
aux racines en étoile.

Le jour ultime, il souhaitera juste prendre une main
réconfortante pour aller jusqu'au bout du chemin
chaotique de l'existence.

* * *

Symphonie primitive

La promenade sous la voûte forestière
résorbe mes moroses pensées.
Sur le bord du sentier, les rameaux de la ronce
n'osent pas griffer mon regard amical.

Sans doute, les elfes* ont ordonné
à leurs troupes végétales une trêve
devant le poète sensible et respectueux.

Au-dessus de la canopée*, Tlaloc, divinité aztèque,
a chargé son immense cuvette d'une pluie printanière.
Il connaît ma faveur pour ses averses et s'apprête à
déverser son ondée vivifiante.

Le grand dieu "Colibri" cependant, n'a pas renoncé à
laisser briller son étoile de vie.
Des rubans de lumière viennent illuminer les feuilles
cinglées par les perles du ciel.

Pour ne pas être trempé, je me blottis
contre l'écorce d'un large épicéa.
L'odeur de la résine gratte sur mon épaule.
Ma muqueuse olfactive
s'imprègne des effluves de gemme*,
colophane* d'archet, pour façonner mes cordes
en douces vibrations.

La mélopée* des gouttes résonne
comme une symphonie primitive.
Les notes élémentaires inondent mon esprit apaisé.
L'hydatisme* de la forêt
recouvre le bourdonnement du Monde
et je ressens au plus profond de moi
ce bercement providentiel.

* * *

Des racines trop dures

Planète sans défense face à l'humanité aveugle,
la Terre rougit de colère, impuissante et meurtrie.

Les troupeaux d'arbres aux vertes chevelures sont brûlés
vifs sur le bûcher de leur propre corps.

©Yan Arthus Bertrand – Home - 2009

Les espèces animales, décimées sans discernement
pour leur côte,crient dans le sinistre tunnel
de l'abattoir des Hommes.

Leurs petits, perdus et transis dans des grottes amères
fixent de leurs yeux hagards la joie de leurs bourreaux.

Le ciel encore bleuté, s'inquiète lui aussi.
Ses nuages translucides aux formes élégantes
respirent bruyamment les carbones oxydés.

Exhumation des profondeurs terrestres
d'un or démoniaque reconnu déjà noir,
ces cadavres marins[2] encrassent nos poumons.

Mais l'Homme mercantile*
n'a que faire de creuser une tombe.
Il pioche aveuglément dans la Terre nourricière
découvrant peu à peu sa propre sépulture.

Demain, ses larmes brûleront les dernières bruyères.
Ses mains étrangleront l'ultime mammifère
et ses fils, mangeront des racines trop dures
à défaut de croquer de vives créatures.

* * *

---

[2] Le pétrole provient de la décomposition de végétaux et d'organismes marins, accumulés sous la surface de la Terre.

La robe vitale

Écorce, robe vitale d'un être poétique,
aux bras indénombrables.

Écorce, carapace griffée
par les serres du temps
éprouvant les gifles glacées des
pluies sauvages de l'hiver.

Je loue ta force tranquille
et les reflets de ta peau écaillée.

Souvent, je frotte mes mains
chaudes sur ton corps végétal ;
j'enserre de mes bras trop
courts le tronc où tu t'assieds
en me demandant quelques fois
qui nourrit ton pelage
et fait vibrer ton âme ?

Écorce, bouclier du bois tendre
messager de la sève, tu portes sans frayeur
des lichens fraternels et d'autres épiphytes*.

J'ai vu tes couleurs arc-en ciel
sur le ventre des eucalyptus australiens.
J'ai vu le cuir rouge-violacé de tes bouleaux de Chine.

L'offrande de ces peaux colorés
magnifie la beauté de ta force tranquille.

Sans toi, l'arbre perdrait la vie et les forêts fécondes
emporteraient dans leurs sombres reliques*
le fruit crucial des vapeurs oxygènes.

* * *

L'ombre du jour

La vague sombre s'avance, linéaire,
sur le ventre rond de la Terre.

Les lucioles des villes s'allument toutes en cœur
comme un ciel étoiléet les Hommes s'allongent
tour à tour sur leur couche docile.

Sur la marée de lumière, les plantes respirent
leurs dernières bouffées de chaleur.

Les neiges éternelles
attendent la fraîcheur de la nuit ponctuelle et les petits
enfants regagnent leur chambrée
pour coller contre cœur leur doudou impatient.

L'ombre de la nuit, irrésistible,
balaye les déserts qui cessent de brûler.

Les bêtes enterrées écartent les portes ensablées
de leur gîte assoifféet la vie se redresse
dans l'obscurité nourrissante.

Le sablier du temps s'écoule sur nos têtes.
La ronde nous emporte magistrale et muette.

* * *

Un ange mélomane

La pluie est revenue sur nos vieilles toitures.

Elle tapote aux fenêtres en quête d'hospitalité
mais elle sait que peu d'hommes la laisseront entrer.

J'écoute avec délectation ce concert de fines percussions
que m'offre le ciel sous son voile grisâtre.

J'en avais oublié sa douce mélodie
durant les brûlantes journées estivales.
Le chant d'invisibles oiseaux
crépite sur les tuiles encore chaudes.

La nature de la sorte, rejetée de nos villes,
vient frapper à nos portes.
Elle recouvre d'un voile pacifique,
presque purificateur, nos bétons hébétés.
L'eau s'infiltre partout,
nous rappelant son pouvoir d'incursion.
Tout en se restreignant cette fois
à de provocantes immixtions.

Mais ce sont ses crépitements gracieux qui ravissent mon
cœur qui bat à l'unisson de ses notes limpides.

Il s'instaure un dialogue entre la pluie et ma conscience.

Les gouttes innombrables déversent leur long discours
sur les ondes terrestres et mon esprit se laisse guider
vers l'origine de ces voix célestes.

La bouche nuageuse qui distille ces chants
n'a point de chef d'orchestre, c'est sa gorge puissante
qui jette sa complainte jusqu'à l'assèchement
de ses gouttes vocales.

Il pleut des cordes et l'archet qui les fait vibrer
est dans les mains d'un ange mélomane*.

* * *

Remerciements

Je remercie madame Alexandra de Vernou-Bonneüil pour son aide et sa présence tout au long de cette production poétique, ainsi que mesdames Paola Ruggeri et Muriel Spinelli, messieurs Franck Deboffe, Vincent Laffont et Alain Guibert pour leur concours dans la finalisation de ce recueil.

Une attention particulière pour Françoise Boixière, poète et romancière, pour m'avoir fait l'honneur de préfacer cet ouvrage avec toute la sensibilité et le talent qui la caractérisent. Souhaitons-lui bon vent pour la récente publication de son roman paru cet été : "Le secret de la buse" (Edititons de l'Orée), une histoire mystérieuse nichée dans les bois de l'automne.

* * *

Vous pouvez me retrouver à l'adresse internet suivante :
<u>http://lasserre.artblog.fr</u>

Si vous le souhaitez, vous pourrez y laisser vos impressions, lire des poèmes non encore publiés, suivre mon actualité ou encore me poser des questions sur mon œuvre littéraire ou même picturale.

Pour les amateurs de peinture, je vous invite aussi à découvrir mes toiles sur le site internet
<u>http://www.marclasserre.com/</u>

et sur le blog suivant, spécialisé dans la peinture néo-impressionniste (pointillisme):
<u>http://marclasserre.artblog.fr/</u>

Lexique

Abyssaux : qui est relatif aux abysses, aux grandes profondeurs...............55
Affusion : fait de verser de l'eau chaude ou froide sur une partie du corps, pour un effet thérapeutique. ....52 sv
Alambic : appareil servant à la distillation. 66
Angéliques sylvestres : plante vivace, ombellifère aux feuilles dentelées . Elle doit son nom à la présence de ces ailes sur son fruit 65
Aquilon : vent froid du nord...............10
Arbres à palabres : un lieu de rassemblement pour s'exprimer sur la vie en société, les problèmes du village, la politique, etc. En Afrique, souvent sous un baobab...............53
Ascète : personne qui pratique l'ascétisme, s'impose des privations. 57
Aube : longue robe blanche portée par les ecclésiastiques, les communiants. 13
Aubier : partie tendre du tronc de l'arbre située entre le cœur et l'écorce. 52
Avivés : mis à vif, ravivés...............53
Candeur : innocence, naïveté, ingénuité. 13
Cérulé : bleuâtre. 36
Chlorophylle : pigment vert des plantes jouant un rôle essentiel dans la synthèse des glucides à partir du gaz carbonique. 43
Christique : qui concerne le Christ. Ici, qui se trouve dans la position du Christ sur la croix...............54
Colibri : les Aztèques croyaient que le guerrier se transformait à sa mort en colibri. Leur Dieu du Soleil portait en partie ce nom d'oiseau...............69
Colombine : personnage de théâtre italien : jeune fille pure et candide, amoureuse d'Arlequin...............36
Colophane : substance résineuse utilisée pour les instruments à cordes frottées. On la frotte sur la mèche des archets pour permettre la mise en vibration de la corde. 69
Comtoise : horloge, pendule de Franche-Comté. 51
Corolle : ensemble des pétales d'une fleur. 49
Cosse : enveloppe naturelle de certaines graines légumineuses. 46
Courtine : mur rectiligne, entre deux bastions. 28
Crinoline : jupe garnie de baleines que l'on portait sous les robes pour les faire bouffer. 35
Cryptiques : dont on ne peut percer la nature (ici, les créatures cachées sous terre). ...53
Dendrophile : se dit d´une personne qui aime les arbres ou même qui vit dans les arbres...............21
Diaphane : qui laisse passer la lumière. 35
Douglas : arbre conifère du genre Pseudotsuga 62
Droséras : petites plantes carnivores vivant sur des sols humides, pauvres et acides, faiblement enracinées au milieu des sphaignes. 25
Drupes : fruits indéhiscents, charnus, à noyau. 61
Égide : (mythologie) bouclier de Zeus et d'Athéna.- (figuré) protection...............16
Élégiaques : qui expriment une tendre mélancolie 50
Elfes : génies aériens, dans la mythologie scandinave. 68
Élimer : user une étoffe à force de frottement 15

Embrunées : (néologisme) emplies d'embruns...10
Enchâssés : encastrés, fixés dans...31
Enkai : Les Masaï ont un dieu unique et bienveillant, Enkai ou Ngai, dieu créateur se manifestant à travers la pluie et le ciel...45
Enkang : village de 20 à 50 huttes en Afrique...44
Épiphytes : se dit d'un végétal qui croît sur un autre..72
Flanelle : tissu léger, de laine ou de coton. 50
Gemme : suc résineux qui coule des pins après incision de l'écorce du tronc. 69
Géronte : dans l'Antiquité, membre permanent du sénat à Sparte qui devait être âge d'au moins soixante-trois ans...45
Gracile : de forme fine et élancée..13
Graminées : plantes à fleurs discrètes, comprenant les herbes des prairies et les céréales...21
Grignons : bouts, quignons..50
Gris de payne : mélange de plusieurs pigments dont un noir, un rouge et un bleu 12
Hameçonnes : (néologisme) relatif à un hameçon..64
Hispide : hirsute, hérissé..44
Humectés : mouillés faiblement...42
Immaculé : sans la moindre tache.- (figuré) pur, sans défaut..13
Impavides : que la peur n'atteint pas; impassibles..49
Lactescent : (litt) qui a l'aspect, la couleur blanche du lait. 35
Lacustres : qui se rapporte aux lacs. Qui vit dans, ou près, d'un lac. 51
Lapidaire : (néologisme) (adj) qui attaque qqn en lui lançant des pierres.....................29
Lichen : végétal formé par l'association d'un champignon et d'une algue vivant en symbiose, qui croît sur les sols pauvres, les arbres, les pierres...................................28
Ligneuse : (botanique) de la consistance du bois. 20
Lithique : relatif à la pierre. 28
Luciole : insecte lumineux de l'ordre des coléoptères (ici la lumière des maisons)......74
Mainate : oiseau noir au bec orangé de la famille des Sturnidés, capable d'imiter la parole humaine..57
Mélomane :   qui est passionné de musique..77
Mélopée : mélodie ou chant monotone. 69
Mercantile : qui ne pense qu'au profit..71
Mont de Sainte-Odile : montagne vosgienne située dans le département du Bas-Rhin.
....27
Moribond : qui est près de mourir, qui agonise. 31
Mur païen : enceinte mégalithique d'une longueur totale d'une dizaine de kilomètres faisant le tour du plateau du mont Sainte-Odile pour former une enceinte....................27
Nitescent : brillant, éclatant, lumineux..14
Ogives : arc diagonal situé sur les arêtes que peut présenter une voûte. 14
Orée :lisière, bordure..10
Orogenèse : (géologie) phase de formation des reliefs de l'écorce terrestre, des chaînes de montagnes. 58
Palabres : arbre à palabres : un lieu de rassemblement pour s'exprimer sur la vie en société, les problèmes du village, la politique, etc. En Afrique, souvent sous un baobab.
....53

Petons : petits pieds. ...51
Phébus : dieu grec de la Lumière, de la Musique et des Arts et lettres; fils de Zeus. Incarnation de la beauté masculine...48
Photons : corpuscules constitutifs du rayonnement lumineux...11
Pinacle : sommet d'un édifice. ...53
Pucon : ville de la Province de Cautín, se situant dans la IX région, dans le Sud du Chili...41
Pusillanime : qui manque d'audace ou de courage; qui est craintif, faible, timoré. ...14
Rais : rayons de lumière. ...26
Récréments : déchets, excréments...57
Reliques : restes du corps, ou objet personnel, d'un martyr ou d'un saint...73
Repu : qui a mangé à sa faim. ...25
Salmonide : Néologisme : (adjectif) relatif à la famille des salmonidés (saumons)...64
Sarabande : ancienne danse française qui se danse en couples, voisine du menuet. . 12
Sélénique : (littéraire;vieux) qui se rapporte à la lune. ...48, 59
Sépulcre : tombeau...55
Séraphiques : bonnes, douces à la manière d'un ange. 67...51
Sphaignes : organismes végétaux sans racines poussant...25
Stalle : chacun des sièges destinés au clergé et placés sur le côté du chœur d'une église. ...13
Stoïque : qui fait preuve de fermeté d'âme et de courage...10
Stratosphère : couche de l'atmosphère située entre la troposphère et la mésosphère. 10
Suaire : linceul, toile dans laquelle on ensevelit un mort. ...55
Sylvestre : propre à la forêt; forestier. ...20
Tépide : aqueux, tiède...47
Tlaloc : dieu méso-américain de l'eau, qui tenait un rôle prépondérant dans la mythologie et la religion aztèques. ...69
Vernaux : printaniers...37
Viride : couleur qui tire sur le vert ...16

* * *

Table des matières

Les draps lavande du ciel 10
Des papillons de neige..12
Les grands cèdres gothiques 14
Les marches silencieuses 18
La rive aux fées sylvestres..20
Si le soleil s'endormait à jamais...22
Le lait de la Terre 24
Le mur païen...27
Le cercle éternel...30
Des ondées gaéliques..33
L'ingénue Colombine*..35
Les effluves vernaux*...37
Des larmes de cendres..39
La forêt me protège...42
La tribu pastorale..44
Un troupeau de nuages...46
L'orchestre floral 48
Des songes lacustres...50
Une affusion* d'eau pure..52
La bile funeste..54
Le spectacle du Monde...58
Les couleurs du terroir..60
Les crinières diaphanes 62
L'alambic de la vie 66
Symphonie primitive..68
Des racines trop dures..70
La robe vitale..72
L'ombre du jour..74
Un ange mélomane...76